다산,
조선을 바꾸다

정약용에게 배우는 융합 이야기
다산, 조선을 바꾸다

고정욱 글 | 백대승 그림
처음 펴낸날 | 2017년 10월 31일
4쇄 펴낸날 | 2021년 7월 15일
펴낸이 | 박봉서
펴낸곳 | (주)크레용하우스
출판등록 | 제5-80호
주소 | 서울 광진구 천호대로 709-9
전화 | (02)3436-1711
팩스 | (02)3436-1410
홈페이지 | www.crayonhouse.co.kr
이메일 | crayon@crayonhouse.co.kr

글 ⓒ 고정욱 2017
이 책에 실린 글과 그림은 무단 전재 및 무단 복제할 수 없습니다.

ISBN 978-89-5547-554-8   73810

이 도서의 국립중앙도서관 출판시도서목록(CIP)은 서지정보유통지원시스템 홈페이지(http://seoji.nl.go.kr)와
국가자료공동목록시스템(http://www.nl.go.kr/kolisnet)에서 이용하실 수 있습니다.(CIP제어번호: CIP2017027626)

다산,
조선을 바꾸다

고정욱 글 백대승 그림

크레용하우스

작가의 말

창의성이란 무엇일까요?

어느 날 하늘에서 뚝 떨어져 내려와 새로운 아이디어와 기술을 만들어 내는 것이 아닙니다. 그런 건 불가능합니다.

창의성은 우리가 가지고 있던 요소들을 절묘하게 뒤섞어서 뭔가 새로운 것을 만들었을 때 나오는 것입니다. 지우개 달린 연필처럼 말입니다.

창의적으로 만든 물건은 우리에게 편리함을 주거나 삶을 바꿀 수 있습니다. 예를 들어 스마트폰은 전화기에 컴퓨터와 다양한 기능을 합쳐 오늘날 우리에게 꼭 필요한 도구가 되었습니다. 스티브 잡스가 창의적인 사람으로 불리는 것도 이렇게 다양한 기술을 섞고 합칠 줄 알았기 때문입니다. 이것을 우리는 융복합이라고 얘기합니다.

역사적으로 우리에게도 뛰어난 창의성을 가진 위인이 있습니다. 바로 다산 정약용입니다. 정약용은 학자이자 정치가이며 저술가이자 교육자이고 의사이자 건축 기술자였습니다. 조선 시대 정조 임금때 위인이지만 오늘날 우리는 정약용을 융복합 천재라고 부를 수 있습니다. 다양한 요소들을 합쳐서 편리하고 새로운 걸 만들어 냈기 때문입니다.

오늘날 우리에게 필요한 인재는 융복합을 해낼 수 있는 창의적 능력을 가진 글로벌 인재입니다. 과거에는 한 가지 분야에만 집중하는 것이 중요했지만 이제는 다양한 분야를 연결할 줄 아는 능력이 필요합니다.

또한 인공 지능이 인간의 영역을 침범하고 있지만 인간의 두뇌로 새로운 것을 융합시킬 때 우리는 기계에 뒤처지지 않고 더욱 발전되고 행복한 삶을 향해 나아갈 수 있을 것입니다.

다산 정약용 이야기를 통해서 어린이들이 늘 호기심을 가지고 주변을 관찰하며 자신이 배운 것을 이용하여 다른 사람들에게 도움을 줄 수 있는 어른으로 자라면 좋겠습니다.

2017년 북한산 기슭에서
고정욱

차례

1. 문제 해결을 위해 생각을 바꿔라
수원 화성을 쌓게 한 거중기　8
- 세상을 밝히는 융합 지식
  도시 건설과 인문학 / 정조와 정약용

2. 세상에 대한 호기심과 탐구심을 가져라
책과 공부를 즐긴 아이　27
- 세상을 밝히는 융합 지식
  독서와 관찰력 / 수학과 실학

3. 배운 것을 현실에 적용하라
암행어사로 백성을 위하다　42
- 세상을 밝히는 융합 지식
  정치와 학문 / 암행어사 제도

4. 새로운 것을 두려워하지 마라
천주학에서 배우다   62

- 세상을 밝히는 융합 지식
  유교와 천주교 / 천주교 신자 논란 / 조선 시대를 풍자한 양반전

5. 늘 배우며 서로 협력하라
정약용과 제자들   76

- 세상을 밝히는 융합 지식
  교육과 학문 / 한국식 서당 교육

6. 정보를 모아 새로운 지식을 창조하라
수많은 책을 집필하다   86

- 세상을 밝히는 융합 지식
  도서 제작과 실학 / 의학과 실학

부록   정약용에 대해 알아볼까요?   102
        우리가 아는 역사 상식 맞을까요?   104
        정약용 선생님, 어떡할까요?   106

1. 문제 해결을 위해 생각을 바꿔라

수원 화성을 쌓게 한 거중기

새벽녘 물안개가 경기도 광주의 이름 없는 골짜기를 감싸 돌았습니다. 한 치 앞도 내다보이지 않는 이 안개를 뚫고 누런 삼베로 만든 상복을 입은 사람은 동쪽을 향해 큰절을 올렸습니다. 그러고는 땅에 엎드려 낮은 목소리로 슬프게 곡을 했습니다.

"아이고 아이고!"

한참 동안 동쪽을 향해 곡을 한 사람은 야트막한 비탈에 지은 초막으로 올라갔습니다. 초막은 비와 눈보라만 간신히 피할 수 있게 풀로 지은 집입니다.

상복을 입은 사람은 초막 앞에 서서 안개가 걷혀 가는 강가를 내려다보고 있었습니다.

그때 까치가 크게 울어 댔습니다.

"까치가 울면 반가운 손님이 온다는데……."

해가 완전히 뜨고 따듯한 기운이 온 누리에 퍼졌습니다.

진주에서 목사로 큰 권력을 누리던 정약용의 아버지 정재원은 세상을 떠났습니다. 충청북도 충주의 조상들 묘소에 아버지를 모시고 난 뒤 정약용과 형제들은 경기도 광주에 초막을 짓고 삼년상을 치르고 있었습니다.

삼년상이란 과거 선비들이 부모님이 돌아가시면 산소를 지키거나 초막을 짓고 생활하면서 3년 동안 부모님께 효도하지 못한 것을 안타까워하며 제사 지낸 것을 말합니다.

정약용은 산길을 올라오는 관리들을 보고 혼잣말했습니다.

"또 화성을 쌓다가 문제가 생긴 게로군."

조정에서는 초막에 있는 정약용을 가만히 두지 않았습니다. 화성을 짓다가 조금이라도 어려운 문제가 생기면

사람을 보내 이것저것 물어보곤 했습니다.

"그간 평안하셨습니까?"

옛날에 함께 일했던 관리 김충이었습니다.

"오랜만이오."

정약용과 인사를 나눈 김충이 물었습니다.

"상중이신데 어명이 하도 지엄해서 다시 왔습니다."

"어허, 초야에 묻혀 사는 나 같은 자에게 무슨 지혜가 있다고 또 물으러 오셨소."

정약용은 점잖게 말했습니다.

"아닙니다. 나리께서 이번에도 꼭 해결해 주실 일이 있습니다."

당시 임금이었던 정조는 효성이 지극했습니다. 할아버지인 영조에 의해 아버지 사도 세자가 뒤주에 갇혀 억울하게 죽자 임금이 된 정조는 사도 세자의 묘를 경기도 화성으로 옮기고 근처 수원에 화성을 쌓았습니다. 또한 화성을 중심으로 수원을 아름답고 편리하며 새로운 도시로 만들려는 원대한 뜻을 품고 있었습니다.

"그래, 걱정이 무엇이오?"

정약용이 김충에게 물었습니다.

"3년 전에 나리께서 한강을 건널 수 있게 배다리도 설계하셨잖습니까?"

"그랬지요."

배다리는 정약용이 만든 새로운 형태의 다리였습니다. 정조가 수원으로 행차하려면 많은 인원이 함께 움직였는데 한강을 건너는 것이 가장 큰 문제였습니다. 옛날에는 지금처럼 한강을 건널 수 있는 다리가 만들어져 있지 않았기 때문입니다. 그래서 정조는 정약용에게 안전하고 튼튼한 다리를 만들라고 지시했습니다.

정약용은 한참을 고민한 끝에 한강에 설치할 배다리를 설계했습니다. 나룻배 수십 척을 모아 쇠사슬로 연결한 뒤 나무판자를 덮어서 고정시켰습니다. 그 위로 임금이 타던 수레인 어가가 안전하게 건널 수 있게 한 것입니다.

"부족한 지혜지만 내 임금님을 위해서라면 언제든 기꺼이 내드리겠소."

정약용이 말했습니다.

"감사합니다. 그러실 줄 알고 찾아왔습니다."

김충은 가져온 화성 설계도를 펼쳐 보이며 말했습니다.

"지금 화성은 나리께서 설계하신 대로 잘 지어지고 있습니다."

화성 설계도는 정약용이 정조의 명을 받아 만든 것입니다. 화성은 길이가 약 6킬로미터로 옹성, 성문, 암문, 치성, 적대, 포대(포루), 봉수대까지 모두 갖춘 성이었습니다. 한마디로 조선의 성곽 건축 기술을 다 사용한 성인 셈이지요.

옹성은 성문을 보호하기 위해 성벽으로 한 번 더 둥그렇게 감싸서 쌓은 것이며 암문은 적이 모르도록 성곽의 후미진 곳이나 깊숙한 곳에 만든 비밀 출입구입니다.

치성은 적을 앞과 옆에서 공격하기 쉽게 만든 성벽이며 적대는 성문 양옆에 외부로 튀어나오게 해 옹성과 성문을 적으로부터 지키는 곳입니다. 포루는 적에게 대포를 쏘기 위해 만든 곳을 말하며 봉수대는 높은 산봉우리에 위급한 소식을 알릴 수 있는 설비를 해 놓은 곳입니다.

"돌과 벽돌을 잘 섞어 쌓고 있소? 마음 같아선 당장이라도 공사 현장에 달려가 보고 싶지만 보다시피 상중이라서 갈 수가 없으니……."

정약용이 안타까워하며 말했습니다.

"잘 쌓고 있습니다. 하지만 커다란 돌을 쌓아 올려야 하고 벽돌도 계속 구워서 높이 들어 올려야 하기 때문에 돈과 인력이 무궁무진하게 들어갑니다. 나라에서는 화성을 짓는 데 많은 돈을 들이기가 어려운 상황인데 어찌하면 좋겠습니까?"

김충은 울상을 지으며 말했습니다.

정약용에게 도움을 청하러 온 건 바로 이 문제 때문이었습니다. 과거에 성을 지을 때에는 사람들이 줄을 끌어당겨 하나하나 돌을 들어 올려 쌓았습니다. 무거운 돌을 들어 올리려면 수십 명이 죽을힘을 다해 위에서 끌어당겨야만 했습니다. 이런 돌 수만 개가 쌓여야 성 하나가 완성되니 성 쌓는 일은 정말이지 나라 살림이 휘청거리는 큰일이었습니다.

"나리께서는 모르는 것이 없고 이 화성도 설계한 분이

니 좋은 의견을 주십시오."

김충은 간절히 부탁했습니다.

정약용은 고민한 뒤 종이 한 장을 끌어다 김충 앞에 펼쳤습니다.

"자, 이걸 보시오. 사람의 힘으로 큰 돌이나 벽돌을 들어 올리려면 어려움이 많은데 기술의 힘을 빌리면 무척 손쉽게 할 수 있다오. 먼저 나무로 땅 위에 지지대를 굳건하게 받쳐 놓은 다음에 도르래를 거시오."

도르래는 그 당시에 무거운 물건을 들 때 쓰면 편리한 도구로 이미 알려져 있었습니다.

"예, 물론 도르래를 쓰면 편리하지요. 하지만 작은 물건을 들 때나 도르래가 쓸모 있지, 이처럼 큰 돌을 들 때는 어렵지 않습니까?"

김충이 정약용에게 물었습니다.

"어허, 내 말을 끝까지 들어 보시오. 큰 돌을 들어 올리려면 도르래가 여러 개 있으면 되는 것이오."

정약용은 그림을 그려 가며 설명을 계속 했습니다.

"자, 이렇게 하면 이 도르래의 힘을 지지대가 받쳐 주게 된다오. 도르래 하나가 늘어날수록 힘은 반으로 줄어드는 것이지."

"정말 그렇습니까?"

"그렇소. 도르래가 능히 한 사람 몫을 하니 도르래 여러 개를 달면 여러 사람 몫의 큰 힘을 발휘할 수 있소이다. 성을 쌓기 위해 큰 돌을 들어 올리려면 수십 명이 필요하지만 이 기계를 쓰게 되면 쉽게 할 수 있소. 즉 사람들이 40근을 들어 올릴 수 있는 힘이 있다면 기계는 625배의 힘이 발휘되어 2만 5천 근을 들 수 있다오."

정약용이 자세히 설명해 주었습니다.

"놀라운 일이군요."

김충은 그렇게 어마어마한 힘이 생긴다는 게 믿어지지 않았습니다.

"그렇게 되면 큰 돌덩어리 하나 정도는 거뜬히 들어 올리게 될 것이오. 이 기계를 만들어서 석수들이 잘라 낸 큰 돌을 들어 올리고 그 밑에 우차가 들어가면 돌을 얹어 나르시오. 시간과 돈이 많이 절약될 것이오. 이 기계가 바로 거중기오."

 김충은 여전히 믿기 어려운 듯 고개를 갸웃거리며 정약용이 준 그림을 받아 한양으로 돌아갔습니다.
 초막 곁에서 정약용 시중을 들던 하인이 그 모습을 지켜보다 물었습니다.
 "나리, 저런 그림 한 장으로 과연 제대로 성을 지을 수 있겠습니까?"
 "허허, 할 수 있단다. 내가 젊었을 때 기술이나 과학에

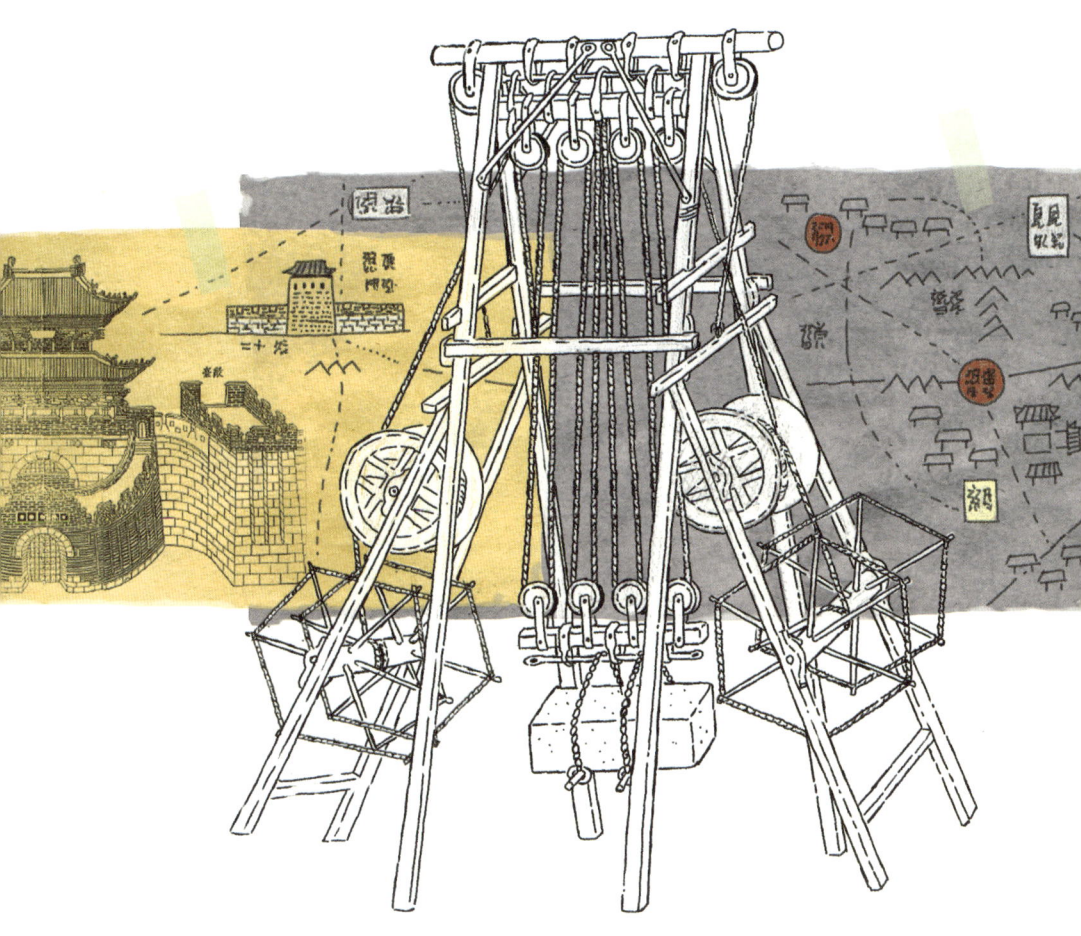

관심이 많지 않았더냐. 중국에서 가져온 『기기도설』이라는 책 내용을 기억해 놓았지."

 기기도설을 지은 테렌즈는 1618년 중국에 들어와 선교하던 스위스 출신의 선교사였습니다. 기기도설은 물체의 운동에 관한 법칙을 연구하는 역학(力學)의 기본 원리를 소개할 뿐 아니라 그걸 이용한 응용 기구와 장치를 잘 설명해 주는 책이었습니다. 기계와 각종 도구들을 그림으로 보여주기도 했지요.

정약용은 3년 전 한강에 배다리를 놓을 때도 기기도설을 참고했습니다. 그리고 수원화성을 쌓기 위해 거중기를 만들 때에도 이 책의 도움을 받은 것입니다.

"그대가 이 책을 읽고 새로운 기술을 개발하는 데 도움이 되도록 하게."

정조는 가장 믿고 사랑하는 신하인 정약용에게 이 책을 주고 연구하게 했습니다. 다른 선비들이 오로지 공자와 맹자의 책만 읽고 있을 때 정약용은 일상생활에 도움을 주는 다양한 책도 열심히 읽었습니다.

"거중기가 언젠가 우리에게도 필요할 거라 생각했다. 이렇게 성을 쌓는 데 당장 이용하게 될 줄은 몰랐구나."

정약용이 말했습니다.

화성과 배다리를 만들게 된 이유는 겉으로 보기에 정조의 효성 때문 같지만 사실 여기에는 정약용과 정조의 깊은 뜻이 숨겨져 있었습니다.

새로 다리를 만들려면 엄청난 사람의 힘과 돈이 필요합니다. 하지만 배다리로 만들면 빠른 시간 안에 대규모의 군사가 강을 건널 수 있게 되고, 외적이 우리나라를 침략했을 때 나라를 지키는 데에도 유리합니다.

화성은 외적이 쳐들어오면 가장 효과적으로 방어할 수 있게 잘 설계된 성입니다. 다시 말해 정조는 임진왜란 때 큰 피해를 입었던 한양의 남쪽에 방어 기지를 만들기 위한 용도로 화성을 생각한 것입니다.

김충이 돌아간 뒤 반가운 소식이 들려왔습니다. 정약용의 설계대로 튼튼한 거중기를 만들자 손쉽게 큰 돌을 들어 올리거나 옮길 수 있어서 화성을 빨리 짓게 되었다는 소식이었습니다.

"새로운 기계는 정말 대단하군."

"이렇게 쉽게 일할 줄이야. 이런 기계는 보거나 들은 적도 없어. 아주 창의적이야."

거중기를 사용하는 모습을 구경하는 사람도 직접 사용

하는 사람도 모두 놀랐습니다.

2년 뒤인 1796년 9월 10일 화성은 멋지게 완성되었습니다. 10년이 걸릴 거라 예상한 공사였는데 2년 9개월 만에 완공되었습니다. 화성을 짓는 비용도 4만 냥이나 절약되었습니다.

정조는 상공업을 장려해 화성에 정치·상업적 기능도 갖추었고 실용적이며 합리적 구조물을 치밀하게 배치해 건축 문화에 혁신을 가져왔습니다. 또한 정조는 화성 공사 내역을 자세하게 기록한 보고서를 김종수로 하여금 작성하게 했는데 이것이 바로 『화성성역의궤』입니다.

화성은 전통적인 방법을 기초로 하되 정약용이 중국을 통해 들여온 서양의 여러 도시에 관한 책을 참고하여 설계했습니다. 성곽에 벽돌을 사용한 것도 화성이 처음이었습니다.

한편 화성 공사 책임자는 당시 영의정이었던 채제공이었는데 채제공은 정약용뿐 아니라 박지원, 홍대용, 박제가 등 젊고 유능한 실학자를 적극적으로 후원했던 사람입니다.

화성이 완성되자 정조는 백성들과 더불어 축하 잔치를 열었습니다. 이를 기념하기 위해 지금도 수원에서는 매년 정조 임금의 행차 재연 등 다양한 행사를 열고 있습니다. 또한 화성은 과학 기술의 우수성과 각기 다른 모양으로 만든 네 개의 성문 등, 그 아름다움으로 인해 1997년 유네스코에서 세계 문화 유산으로 지정되었습니다.

세상을 밝히는 융합 지식

• 도시 건설과 인문학

 도시는 보통 오랜 시간을 거쳐 자연적으로 생겨납니다. 그러나 사람들이 처음부터 계획하고 설계해서 만든 도시도 있지요. 옛날에는 성을 중심으로 마을과 도시가 형성되었으므로 화성은 어찌 보면 계획 도시의 예라고 볼 수 있습니다.

 그럼 도시를 구상하고 만드는 기술만 있으면 좋은 도시가 건설될 수 있을까요? 그렇지 않습니다. 도시 자체의 가치와 환경의 조화를 통해 사람들이 그 안에서 활기차게 생활하도록 하는 것이 중요합니다.

 좋은 도시가 되기 위해서는 결국 도시를 건설하기 전에 어떤 도시를 왜 지어야 하는지 고민해야 합니다. 한마디로 도시를 짓는 공학 기술과 도시에 가치를 부여하는 인문학이 결합해야 하는 것입니다.

 화성의 경우 설계해 놓고 보니 성곽의 길이는 약 4킬

로미터 정도였습니다. 그런데 공사를 시작하기 전에 성터 주변을 둘러본 정조는 성 밖 북쪽 마을도 성 안으로 넣어서 외적의 침략으로부터 백성을 보호해 줘야 되겠다고 생각했습니다. 이 때문에 성곽의 길이가 약 6킬로미터로 늘어나 비용이 더 들었지만 성을 짓는 목적이 사람을 위한 것임을 알고 있었기 때문입니다.

• 정조와 정약용

"나는 세자가 15세가 되면 왕위를 물려주고 어머니 혜경궁 홍씨를 모시고 아버님 묘가 있는 화성으로 수도를 옮겨 살 것이다."

정약용이 삼년상을 치를 때 정조는 수도를 옮기겠다고 발표했습니다. 이건 당시 막강한 권력을 쥐고 있던 정치 집단인 노론을 누르고 왕의 힘을 기르겠다는 뜻이었습니다.

새로운 도시로 수도를 옮겨 가면 기존 수도인 한양에 살던 대부분의 노론은 따라갈 수 없게 되고, 그로 인해 새로운 신하들과 세력이 나라를 이끌게 되기 때문입니다. 노론이 힘을 잃으면 자연스럽게 힘은 왕에게로 흘러갈 것입니다. 이를 위해 정조는 아버지 사도 세자의 묘를 화성으로 옮겨 웅장하게 꾸며 놓았습니다.

하지만 신하들이 수도를 옮기는 것에 거세게 반발하자 정조는 화성을 짓는 데 자신의 왕실 재산을 내놓고, 군사비를 줄여서 백성에게 피해를 주지 않는다는 약속까지 했습니다. 공사 비용을 절감하고 시간을 단축하기 위해 정약용은 창의성을 발휘해 정조의 화성 짓는 일을 적극적으로 도와준 것입니다.

2. 세상에 대한 호기심과 탐구심을 가져라
책과 공부를 즐긴 아이

"어머니 어머니! 아이고 아이고!"

아홉 살 난 정약용은 어머니의 죽음 앞에서 대성통곡하였습니다. 어머니는 안타깝게도 어린 정약용을 남겨두고 세상을 떠난 것입니다.

"어머니, 저를 두고 가시면 어찌하옵니까? 소자 혼자 어찌 살라고."

정약용이 아무리 애타게 불러도 어머니는 대답이 없었습니다. 이제 남은 일은 장례식을 잘 치러 어머니를 잘 보내드리는 일뿐이었습니다.

정약용은 1762년 지금의 남양주에서 태어났습니다. 양반이었던 아버지 정재원과 어머니 윤씨 부인 밑에서 자란 정약용은 두 살 때 죽을 위기를 겪었습니다. 온몸에 열이 나며 피부에 돌기가 솟아오르고 고름이 났습니다.

"어쩜 좋니? 마마에 걸렸구나."

정약용의 어머니는 겁이 덜컥 났습니다. 당시만 해도 마마, 즉 천연두는 걸리면 죽을 수밖에 없는 무서운 병이었기 때문입니다.

다행히 며칠 밤을 지새우며 간호해 준 어머니 덕분에 정약용은 목숨을 구할 수 있었습니다. 그리고 건강히 자랐습니다.

마마에 걸리면 목숨을 건져도 얼굴에 종기 흉터가 푹푹 파여 곰보라고 불리는 안면 장애를 갖게 되곤 했습니다. 그러나 다행히 정약용은 눈썹에 작은 흉터만 남기고 지나갔습니다.

흉터가 생긴 곳은 눈썹이 자라지 않아 자연스럽게 눈썹이 세 개로 갈라져 보였습니다. 훗날 정약용은 자신의 이런 모습을 보고 눈썹 세 개인 사람이라는 의미로 자신을 '삼미자(三眉者)'라고 부르기도 했습니다.

정약용의 집안은 늘 학문하는 분위기였습니다.

"하늘 천, 땅 지, 검을 현, 누를 황."

네 살밖에 되지 않은 정약용은 형들이 공부하는 것을 보며 어깨 너머로 천자문을 읽기 시작했습니다.

그러던 어느 날 정약용이 아버지에게 물었습니다.

"왜 하늘은 검고 땅은 누래요? 하늘은 파랗고 땅은 초록색인데."

그건 아무리 생각해도 이상했습니다. 호기심을 가지고 일 년 내내 하늘과 땅을 살펴도 검은 하늘과 누런 땅을 본 적은 없었기 때문입니다.

"허허, 좋은 질문이다. 중국은 우리나라와 달라 하늘이 탁하고 땅이 누렇단다. 그래서 그 누런 흙탕물이 서쪽 바다로 들어와서 우리 바다가 파랗지 않고 누런 것이야. 그래서 서쪽 바다를 황해라고 부르기도 하지."

아버지 정재원은 말했습니다.

"그러면 중국에서 만든 천자문을 우리나라에 맞게 고치면 되지 않아요?"

정약용이 물었습니다.

"어허, 옛날부터 배워 온 것이야. 중국이 그렇다고 생각하면 되지. 굳이 고칠 필요가 있겠느냐? 학문은 모든 인간의 도리와 지혜를 담아 놓은 것이다. 열심히 갈고 닦는 자만이 지혜로운 삶을 살 수 있단다."

하지만 정약용은 여전히 받아들이기 어려웠습니다. 무조건 받아들이는 건 제대로 된 지식이 아니라고 생각했기 때문입니다. 하지만 정약용은 계속 공부하는 걸 게을리 하지 않았습니다.

　아버지의 가르침에 따라 천자문을 익히고 다른 책들을 빠르게 읽어 나갔습니다. 다행히 정약용은 사물에 대한 호기심이 많고 인내심과 끈기가 있었습니다. 또한 책 읽는 것을 매우 좋아했습니다.

얼마 후 집안에 기쁜 일이 생겼습니다. 아버지가 경기도 연천 현감이 된 것입니다. 연천은 자연이 아름다운 곳입니다. 아버지를 따라 정약용은 연천으로 이사했습니다.

어느 날 아버지가 정약용을 불러서 물었습니다.

"네가 그동안 글을 많이 읽었는데 혹시 시도 지을 수 있느냐?"

"아버지, 시는 어떤 것이죠?"

정약용이 묻자 아버지가 대답해 주었습니다.

"이 몸이 죽고 죽어 일백 번 고쳐 죽어
백골이 진토 되어 넋이라도 있고 없고
님 향한 일편단심이야 가실 줄이 있으랴

이 시는 고려 말의 충신 정몽주가 지은 것이다. 나라에 대한 충성심은 죽어도 바꿀 수 없다는 내용이지."

가만히 아버지의 설명을 듣고 있던 정약용이 눈을 반짝이며 말했습니다.

"아, 그럼 저도 지을 수 있어요.

**작은 산이 큰 산을 가렸구나
멀고 가까움이 달라서 그렇다네"**

정약용이 지은 시를 읽은 정재원은 감탄했습니다.
"오, 훌륭하구나. 될성부른 나무는 떡잎부터 알아본다더니 역시 우리 아들이로구나. 네가 산의 멀고 가까운 걸 아는 걸 보니 수학에 재능이 있구나."
이때 정약용의 나이는 일곱 살이었습니다. 이 나이에 원근법을 깨달아 이런 시를 짓는다는 것은 결코 쉬운 일이 아니었습니다.
그 뒤 정약용은 아버지나 주위 사람들이 보는 새로운 책을 닥치는 대로 빌려 읽었습니다. 그러다 보니 어떤 글이든 쉽게 이해하고 자기 것으로 만들었습니다.
"형님, 이 책은 무엇입니까?"
정약용이 물었습니다.
"아! 그거는 셈 책이다. 하나에다가 하나를 더하면 둘이 되지 않느냐? 그러면 570을 여섯으로 나누면 몇이 되느냐?"

"글쎄요? 하나씩 계산해 봐야 알 것 같습니다."

"그런 문제를 빠르게 계산해 알아내는 원리를 적은 것이 셈 책이니라."

형의 말을 들은 정약용은 셈 책에 대해 바짝 호기심과 궁금증이 생겼습니다.

"형님, 제가 좀 읽어 보면 안 됩니까?"

"허허, 읽는 걸 누가 뭐라고 하느냐?"

형은 정약용이 기특해 웃으며 대답했습니다.

정약용은 수학뿐만 아니라 계절의 변화와 날짜와 시간을 다룬 과학에도 관심을 가졌습니다.

다양한 책을 읽을수록 정약용은 세상에는 조상들이 탐구해서 알아낸 지혜로 가득 찼다는 것을 깨달았습니다.

정약용은 조용한 밤이면 달을 바라보며 생각했습니다.

'아, 세상은 넓고 배워야 할 학문은 너무나 많구나. 이 세상의 모든 이치를 다 아는 사람이 과연 있을까? 내가 그런 사람이 되면 참 좋겠는데……. 풀벌레 소리는 물론 하늘과 땅, 별과 사람이 존재하는 원리 원칙이 있을 텐데 왜 양반은 공자와 맹자의 글만 읽는 걸까?'

또래가 기껏 천자문을 읽을 때 정약용은 이런 의문을 품었습니다.

한편 정약용의 어머니는 돌아가시기 전 아들을 불러 말했습니다.

"어미는 이제 오래 살 수 있을 것 같지가 않다. 내가 세상에 없더라도 부디 입신양명(立身揚名)하거라."

"어머니, 말씀대로 따르겠습니다. 그러니 제발 기운을 차리세요."

정약용은 슬퍼하며 말했습니다.

입신양명은 출세해서 이름을 널리 알린다는 뜻입니다. 옛날에는 입신양명하는 것이 바로 효도라고 생각했습니다.

어머니는 얼마 후 세상을 떠났습니다. 혼자 남은 정약용은 어머니가 남기신 유언을 깊이 생각했습니다.

'그래, 어머니는 분명 내가 출세해서 이름을 단순하게 알리기보다는 지혜로운 아들이 되길 원하실 거야. 그렇다면 나는 공부를 열심히 해서 세상 만물의 이치를 다 아는 사람이 되고야 말 거야.'

어머니가 돌아가신 뒤 정약용은 더욱더 호기심과 탐구심을 길렀습니다. 어떤 사물이나 사건도 허투루 보지 않았고 누가 책을 가지고 있다면 닥치는 대로 빌려 읽었습니다. 또한 자신의 생각을 정리했습니다. 시를 짓는 것도 게을리 하지 않았습니다.

새로운 시선으로 세상을 바라보니 어려운 책 내용이 더 잘 이해가 되었고, 세상 사물은 모두 연결되어 있다는 걸 알게 되었습니다.

"어디 내가 한 해 동안 쓴 글이 얼마나 되는가 알아봐야지."

어느 날 정약용은 공부방 구석구석에 넣어 둔 연습지들을 다 꺼내 쌓았습니다. 놀랍게도 정약용의 키 높이까

지 올라왔습니다.

'그래. 그동안 내가 공부를 꽤 했구나. 하지만 이 정도로는 아직 한참 부족해.'

정약용은 겸손한 마음으로 자신을 돌아보았습니다. 그리고 계속 공부해야겠다는 다짐을 새롭게 했습니다.

세상을 밝히는 융합 지식

• **독서와 관찰력**

과거에는 공부라고 하면 대개 책을 읽고 성인의 말씀을 외워서 막힘없이 풀이하는 것을 말했습니다. 그러나 주자학을 창시한 주희(朱熹)는 말했답니다.

"세상의 모든 것은 나무 한 그루, 풀 한 포기조차도 모두 그 이치를 가지고 있다. 이 이치를 하나씩 따져 들어가면 마침내 세상 만물의 이치를 밝혀낼 수가 있게 된다."

이걸 한자어로 '격물치지(格物致知)'라고 합니다. 어떤 것이라도 의미가 없는 것은 없고, 끝까지 관찰하고 파고들면 숨겨진 의미를 알게 된다는 것이지요.

진짜 살아 있는 공부는 책을 읽으며 그저 외우는 것이 아닙니다. 책 내용을 참고하여 새롭게 사물을 관찰하고 연구해 지식을 쌓고 지혜를 키워 가는 것입니다.

• 수학과 실학

조선 시대의 수학은 양반과 상민의 중간 계급인 중인이 주로 배우고 활용하는 학문이었습니다. 대개 한 집안에서 대를 이어 수학을 공부하곤 했습니다. 요즘으로 치면 회계사 집안에서 계속 회계사가 나오는 셈이지요.

조선 시대에는 수학을 '산학'이라 불렀으며, 시험에 합격한 자만이 산학자가 되었습니다. 이들은 농사에 도움이 되는 연구를 했습니다.

한편 정약용이 살던 조선 시대 일부 학자들은 수학뿐 아니라 삶에 도움이 되는 학문이라면 무엇이든 연구했답니다. 현실에 도움을 주는 실질적인 학문을 연구한다고 해서 이들을 실학자라고 불렀습니다.

대표적인 실학자로 유형원, 이익, 정약용, 박지원, 박제가, 홍대용 등이 있습니다.

3. 배운 것을 현실에 적용하라
암행어사로 백성을 위하다

깜깜한 밤 궁궐 안 인재를 기르는 홍문관 규장각에서 책 읽는 선비들의 소리가 낭랑하게 들려왔습니다. 규장각은 지금의 도서관입니다.

정약용 역시 홍문관 수찬(책을 편집해서 펴내는 사람)이 되어 밤 늦게까지 공부하고 있었습니다. 임금에게 언제든지 경전을 읽고 뜻을 해석해서 바쳐야 하기 때문에 잠시도 긴장을 늦출 수가 없었습니다.

정조는 학문을 좋아했습니다. 그래서 임금과 신하가 함께 정치와 학문을 토론하는 경연을 자주 열곤 했습니다. 그 경연에서 신하들에게 어려운 책 내용을 불쑥 물어봤을 때 막히지 않고 대답해야 충신이라고 인정해 주곤 했습니다.

"정약용은 임금 앞에 나와 명을 받으시오!"

규장각에서 열심히 책을 보던 정약용은 깜짝 놀라 홍문관 마당으로 뛰어나갔습니다. 무릎을 꿇자 가슴이 뛰기 시작했습니다.

"정약용은 암행어사가 되라는 어명이오!"

관리가 큰 소리로 외쳤습니다.

'암행어사라니! 드디어 내가 바른 세상을 만드는 데 조금이나마 도움이 될 수 있겠구나.'

정약용의 머릿속에 살아온 시간이 흘러갔습니다. 18세 때 과거에 급제한 뒤 22세 때 성균관에 들어갔고 생원이 되었습니다. 정약용은 다양한 책을 읽고 토론했으며 6년간 경전과 문학을 공부했습니다. 하지만 공부할수록 안타까운 건 세상을 아직 잘 모르겠다는 것이었습니다.

게다가 세상에 대한 관심이 남달랐던 정약용은 책 읽고 글 쓰는 것이 과연 세상에 도움이 되는 걸까 고민하

던 중이었습니다. 그러던 차에 암행어사 제수(임금이 직접 벼슬을 내리는 일)를 받게 되자 이제 정말 자신이 옳다고 믿는 것을 세상에 적용시킬 수 있게 된 것입니다.

"정약용은 내일 일찍 어전에 나오시오."

정조의 지엄한 명령이었습니다.

그날 밤 정약용은 한숨도 잠을 이룰 수 없었습니다. 가슴이 뛰었기 때문입니다. 돌아가신 아버지 정재원도 예천 군수를 하던 시절 작은 실수가 암행어사에게 발각되어 벼슬에서 물러난 적이 있습니다. 그때 정약용의 나이는 33세였습니다. 정약용은 관리들의 실수나 잘못을 여지없이 잡아내는 암행어사가 무섭고도 정말 멋있어 보였습니다.

다음 날 아침 일찍 정약용이 궁궐에 들어가자 정조가 말했습니다.

"다음 달까지 세상을 돌아보고 어떤 문제가 있는지 나에게 낱낱이 고하도록 하라."

"명 받들겠습니다."

정약용을 포함해 암행어사 명을 받고 이미 와 있던 관

리들은 모두 정조에게 큰절을 올리고 물러났습니다.

암행어사는 임금 대신 방방곡곡을 돌아다니며 매의 눈으로 살피기에 권세와 위엄이 하늘을 찔러 산천초목도 떤다는 말이 나올 정도였습니다.

마패 하나만 들고 나서서 "암행어사 출도야!" 하고 큰 소리로 외치면 세상이 온통 벌벌 떨었습니다. 벼슬아치라면 누구나 암행어사가 되어 잘못된 세상을 바로잡고 싶어 했습니다.

정조는 정약용에게 경기도 암행어사 직위를 내렸습니다. 흉년이 들어 백성이 먹고사는 게 굉장히 어려워졌기 때문에 임금이 나라 곳곳에 암행어사를 파견하기로 한 것입니다.

"암행어사라는 것은 수령이 무엇을 잘못하고 있는지를 알아내고 백성이 어떠한 고통을 겪고 있는지를 파악하는 것이 큰 임무다. 그런데 가끔 암행어사 중에 내가 준 권한을 엉뚱하게 이용하는 자들이 있다. 이런 짓을 하는 암행어사도 문제이지만 조정도 잘못이 있기 때문에 누구를 탓할 것은 아니다. 하지만 그렇다고 해서 암행어사를 파견하지 않는 것은 무책임한 행동이다. 흉년이 든 이때에 암행어사가 가서 잘못된 것을 바로잡아 주길 백성은 바라고 있다. 그대들은 관청이나 시장 등에 들어가 백성들의 이야기를 듣고 맡은 바 임무를 다하라. 그리고 조정으로 돌아올 때 나라의 잘못된 것들을 하나하나 나에게 자세히 알려 주길 바란다."

정조는 나라의 기강을 바로잡아 백성의 기운을 북돋고 싶어 했습니다. 정약용은 경기도 북부의 적성과 마전, 연천, 삭녕 네 군데 고을을 몰래 가서 살펴보라는 명령을 받았습니다.

정약용은 은밀히 평상복을 입고 자신이 맡은 지역에 차례대로 찾아가 고을 수령이 무슨 잘못을 했는지 샅샅이 살펴보기 시작했습니다.

각 고을마다 수령이 잘한 부분도 잘못한 부분도 있었습니다. 이것은 모두 정약용이 올린 보고서에 한 치의 흐트러짐 없이 기록되었습니다.

연천도 정약용의 날카로운 눈과 붓끝을 피해 갈 수 없었습니다.

전에 있던 군수 강명길은 욕심이 끝없는 인색한 자입니다. 백성이 억울한 일이 있을 때에도 전혀 돌보지 않을 뿐만 아니라 밥값이나 월급을 빼앗고 함부로 거둬들이곤 했습니다. 흉년에도 세금을 높게 매기고 뇌물 바치는 문은 언제나 열어 두었습니다. 임기를 마치고 돌아갈 때는 짐이 너무 많아 흙을 실어 나르는 배가 흙을 싣지 못하고 그 짐을 실어야 했다고 합니다. 이런 자는 벌을 주어야 합니다.

정약용은 이렇게 각 고을 수령에 대한 날카로운 평가를 글로 써서 정조에게 올렸습니다. 정약용은 늘 백성에 대한 사랑이 가득했습니다. 따라서 돈과 재물에 눈이 어두운 수령을 보면 더더욱 강하게 꾸짖었습니다.

"이렇게 못난 수령들만 있더냐?"

정약용의 보고를 받은 정조가 물었습니다.

"아닙니다. 마전 군수 남이범은 훌륭했습니다. 재판도 공정했고 못된 무리는 혼내 주었습니다. 가난한 자에게는 적당히 세금을 매기고 부자에겐 세금을 많이 거두었습니다. 이런 훌륭한 자가 작은 고을에 있는 것이 아까울 정도였습니다."

"알았다. 내가 사람을 쓸 때 잘 살펴보겠노라."

정조가 흐뭇한 미소를 지으며 말했습니다.

그렇다고 해서 정약용이 보고 온 현실이 당장 고쳐지는 것은 아니었습니다. 아무리 시간이 흘러도 관리들의 무능이나 부정부패는 쉽게 개선되지 않았습니다. 문제가 있는 지방 관리 뒤에는 궁궐에 있는 높은 자리의 벼슬아치들이 있었기 때문입니다.

"대감마님 살려 주십시오."

경기도의 목사 한 사람이 자신이 평소 뇌물을 바치던 높은 자리의 벼슬아치를 찾아가 앓는 시늉을 했습니다.

"무슨 일이냐?"

높은 자리의 벼슬아치가 물었습니다.

"정약용이라는 자가 저에 대해 임금에게 나쁜 보고서를 올렸습니다. 어쩌면 좋습니까?"

"걱정하지 말게. 내가 막아 줄 것이니. 그나저나 정약용은 도대체 어떤 자인가?"

벼슬아치는 인상을 찌푸렸습니다.

"혼자서 정의로운 척하는 자입니다. 마치 자기만 맑은 물인 양 행동하여 아주 마땅치 않습니다."

경기도 목사는 정약용을 헐뜯었습니다.

"새파란 암행어사 하나가 감히 나라를 뜯어 고치려고 해? 그게 어디 쉬운 일인 줄 알고. 두고 보자."

높은 자리에 있는 벼슬아치들은 현실이 변하는 것을 원치 않았습니다. 그저 자신들이 편안하게 잘 먹고 잘 사는 것에만 관심이 있었기 때문입니다. 벼슬아치들은 정조를 찾아가 정약용을 비난했습니다.

정약용은 현실이 만만치 않다는 걸 알게 되었습니다. 정조 곁에 있는 벼슬아치들이 임금의 권력을 빌미로 변화하려 하지 않았기 때문입니다.

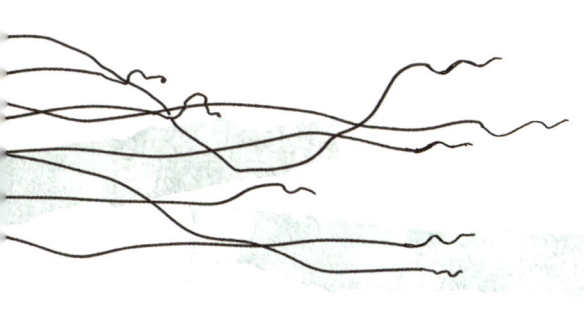

'이렇게 넘어갈 순 없다. 내가 임금에게 직접 상소를 올려야겠다.'

정약용은 상소에서 특히 경기도 관찰사인 서용보를 문제 삼았습니다.

서용보는 백성에게 세금을 걷으며 말했습니다.

"이 쌀을 팔아서 너희들이 내는 돈은 금천 길을 넓히고 단단하게 다질 돈이다. 임금께서 이 길로 화성 성묘를 가셔야 하니 너희들이 돈을 내야 하는 것이다."

힘없는 백성은 이 이야기를 듣고 한탄했습니다.

"임금 때문에 우리가 정말 괴롭구나. 임금이 아무리 효자여도 과천 길로 화성에 가시면 되는데 왜 금천으로 가시는가?"

효심이 지극한 정조가 과천을 통해서 성묘를 가는데 엉뚱한 금천 길을 넓힌다고 세금을 걷으니 백성의 원망이 하늘을 찔렀던 것입니다.

이런 식으로 백성을 속여 서용보가 돈을 긁어모은다는 사실을 알고 정약용은 정조에게 직접 상소문을 올린 것입니다.

전하, 서용보를 벌하소서. 백성을 못살게 굴어 백성의 원성이 하늘을 찌릅니다.

서용보는 나중에 이 사실을 알자 이를 부득부득 갈았습니다.

'두고 보자, 정약용. 네놈은 온전치 못할 것이다.'

정약용은 현실 정치와 자신이 공부한 학문이 다르게 펼쳐지는 것을 보고 둘을 일치시키려고 애썼습니다. 암행어사가 되어 세상을 알게 되자 백성을 사랑하고 나라가 잘되길 바라는 마음이 더욱 커졌습니다. 그래서 현실 문제를 그대로 적어 상소를 올렸습니다.

하지만 임금의 곁에 있던 서용보와 권력을 가진 벼슬아치들은 이 사실을 불편해 했습니다. 먼 훗날 정약용이 새로운 일을 하려고만 하면 이때 일이 발목을 잡는 치명적 걸림돌이 되었습니다.

정약용은 가난한 백성들의 삶을 보자 도저히 견딜 수가 없어 수많은 시를 남겼습니다. 현실 세계가 반영된 정약용만의 독특한 시 세계가 만들어진 것입니다.

정약용이 쓴 시 한 수입니다.

놋수저는 지난번에 이장에게 빼앗기고
무쇠솥은 엊그제 옆집 부자가 앗아 갔다
검푸른 무명 이불 한 채뿐이라서
부부유별 따지는 건 마땅치가 않구나
어린것들 입힌 적삼 어깨 팔뚝 나왔으니
태어나서 바지 버선 입어 보지 못했으리

너무나 가난하고 헐벗어서 옷도 제대로 못 입는 백성들의 비참한 상황을 시로 묘사하면서 정약용은 올바른 관리가 되는 길이 무엇인가를 진지하게 고민했습니다. 가난하고 불쌍한 백성을 잘살게 하려면 어떻게 해야 하는지가 정약용에게 큰 관심거리였습니다.

　나중에 정약용은 『목민심서』라는 책을 통해 올바른 관리의 행동에 대해 구체적으로 알려 주었습니다.

　『목민심서』는 정약용이 1818년에 지은 48권짜리 책입

니다. 수령들의 부정부패를 비판하고 수령이 지켜야 할 도리를 밝히고 있는데 백성의 입장을 먼저 생각하라는 청렴결백한 관리의 생활을 강조하기 때문에 오늘날까지도 공무원을 비롯해 관직에 있는 사람들에게 지침서 역할을 하고 있습니다.

세상을 밝히는 융합 지식

• **정치와 학문**

조선 시대에는 정치를 하면서 학문을 한 사람이 무척 많습니다. 대표적인 이가 율곡 이이와 퇴계 이황입니다. 이렇게 과거 시험 등을 통해 벼슬을 하면서 학문을 하는 사람을 '사대부(士大夫)'라고 불렀습니다.

사대부는 중국에서 오래전부터 써 오던 말입니다. 학문적 교양을 가지고 있으면서 정치적 권력을 행사하는 지배층을 말하지요. 오늘날 정치가는 정치만 하고, 학자는 학문만 하는 모습과는 아주 대조적입니다.

어찌 보면 사대부는 이론적 바탕이 되는 학문과 현실 정치를 융합하는 역할을 해낸 것입니다. 조선 후기 실학자들 역시 실생활에 도움이 되는 학문을 연구하여 시대를 변화시키고 싶어 했으며 정약용이 바로 대표적 인물입니다.

- **암행어사 제도**

　어사는 원래 이조에서 임명하고 공개적으로 지방 관리가 일을 잘하는지 살피는 벼슬을 말합니다. 그렇지만 암행어사는 임금이 친히 임명하고 그 임명과 행동을 비밀로 한다는 점이 다릅니다. 주된 업무는 지방 관리나 권력을 가진 자들의 불법 행위를 찾아내는 것입니다.

　한편 암행어사가 아닌 일반 어사도 많이 파견되어 조선 시대 말기에는 각종 어사에 관한 글이 실록에 자주 등장하게 됩니다.

　어사 임명은 다음과 같은 과정을 거칩니다. 우선 임금이 추천된 어사 후보자들 가운데 필요한 사람을 고릅니다. 그러고 나면 어사가 파견될 지역을 적은 댓가지를 통에 넣어 추첨으로 어사를 결정합니다.

　어사 후보자들은 승정원에서 마패 한 개와 유척 두 개를 지급받아 동대문이나 남대문 밖에서 임금이 준 봉투를 열어 보고 자신이 파견될 지역을 알게 됩니다.

　마패는 각 지역에 가서 말을 사용할 수 있는 일종의 신분증입니다. 유척은 기준이 되는 자로 각 고을에서 물건을 사고팔 때 수치를 속이는지 알아보기 위해 가져갔습니다.

  암행어사는 각 고을 수령이 있는 관아에 갑자기 들이닥쳐서 문서를 검열하거나 창고를 조사하여 부정부패가 있는지 살펴보았습니다. 또한 억울하게 갇힌 죄수는 풀어 주기도 했습니다. 유명한 고전소설 『춘향전』에서도 이몽룡이 암행어사가 되어 탐관오리를 통쾌하게 혼내 주는 장면이 나옵니다.

4. 새로운 것을 두려워하지 마라
천주학에서 배우다

   정약용은 조선이 점점 쇠락해 가는 것을 느끼고 있었습니다. 그 이유는 바로 양반 수가 자꾸 늘어났기 때문입니다. 농업이 쇠퇴하고 상업이 발달하면서 돈을 많이 번 상민들이 늘었습니다.

   부자가 되고 보니 상민들은 신분도 바꾸고 싶어졌습니다. 상민들은 돈을 주고 양반직을 샀습니다. 양반이 되면 세금도 내지 않고 혜택이 컸기 때문입니다.

   양반직을 팔아도 출생이 양반이고, 양반직을 돈 주고 산 사람도 양반이 되다 보니 조선의 특권층인 양반은 점점 늘어만 갔습니다. 연암 박지원은 양반직을 사고파는 이야기를 『양반전』으로 썼습니다.

양반직을 살 수 없는 사람은 호적을 몰래 고쳐 양반이 되었습니다. 이렇게 되니 세금 낼 사람은 점점 줄어들어 나라살림은 점점 어려워졌습니다.

"나라가 어찌 되려는지 모르겠습니다."

"그러게 말입니다."

"이렇게 양반직을 돈 주고 사다 보면 차라리 이 나라를 갈아 치우고 자기가 왕이 되겠다는 자들이 생길까 봐 진짜 걱정입니다."

정약용이나 뜻있는 선비들은 조선이 어떻게 해야 잘살고 힘센 나라가 될 수 있는지 고민했습니다.

"조선이 다시 강해지려면 잘못된 제도부터 먼저 고쳐야 하네."

"아닐세. 우리 선비들이 좀 더 공부를 열심히 해서 세상을 바꿔야 하네."

정약용과 뜻을 같이하는 선비들이 모여 의논했습니다. 하지만 정약용의 생각은 달랐습니다.

"내 생각엔 양반의 혜택이 너무 크네. 이걸 제한하지 않는 한 나라가 강해지기는 어렵다네. 양반은 벼슬을 하면서 많은 토지와 노비를 가지고 쉽게 먹고살지 않는가. 게다가 과거 시험이 어렵지만 일단 합격하여 관리가 되면 나라로부터 땅과 녹봉을 받지. 이러니 양반의 풍요로운 삶을 위해 백성이 겪는 희생과 고초가 너무나 크다네. 양반의 권리를 줄여야 해."

그러나 정조는 양반의 권리를 줄이지 않았습니다. 벼슬아치와 양반이 늘어나는 건 과거 시험이 허술해서 그렇다고 생각한 것입니다.

"과거 시험을 엄격히 관리해서 부당한 합격자를 뽑지 말도록 하여라."

정조의 생각은 양반을 많이 만들지 않겠다는 것이었지만 그것도 옳은 대책은 아니었습니다.

그 당시에는 과거 시험을 보겠다는 사람이 십만 명도 넘었습니다. 그 가운데 제대로 답안지를 쓴 사람은 고작 삼만여 명이고 제출한 사람은 이백 명도 안 되었습니다. 한마디로 과거 시험 볼 능력이 있는 자는 이백 명도 안 되는데 나머지 사람은 양반인 척하느라 과거장을 들락거리는 것이었습니다.

"임금께서는 벼슬아치들의 기강만 잡으면 나라가 안정될 거라 생각하고 계십니다."

정약용의 말에 다른 선비들도 고개를 끄덕였습니다. 정조는 통치만 잘하면 백성들이 잘사는 나라가 될 것이라고 생각했지만 사실 조선은 온갖 부정부패가 늘어나 위기에 빠져 있었습니다.

그즈음 정약용은 형수의 친정 아우인 이벽과 친하게 지내고 있었습니다. 이들은 사돈 사이지만 모두 학문을 좋아하는 선비였습니다. 언젠가 마재에서 서울로 오는 배 안에서 이벽은 정약용과 정약용의 형인 정약전에게 천주교를 소개했습니다.

이벽은 우연히 중국에 퍼져 있던 천주교에 대해 알았기 때문입니다.

"이보게, 조선은 이대로 안 된다네. 내가 친구 이승훈에게 중국에 갈 때 구해 오라고 부탁한 천주학 책을 한번 보게나. 이 천주학에 우리 조선이 새롭게 나아갈 길이 있다네."

이벽이 정약용에게 말했습니다.

"그게 무슨 말씀이십니까?"

"천주학에 의하면 세상은 천주께서 창조하신 거라네. 사람도 마찬가지야. 그러니 천주의 자녀인 우리는 위아래도 없고 차별도 없어야 하네. 서로 사랑해야 하는 거지. 지금 나라꼴을 보게나. 관리가 백성을 사랑하지 않고 개, 돼지처럼 부려 먹지 않는가. 이는 모두 성리학이 나라에 충성하라고만 강요했기 때문이야."

이벽은 점점 목소리를 높였습니다.

"아, 놀라운 이야기입니다. 백성을 잘 다스리기만 하면 되는 줄 알았는데 백성을 사랑하라니요. 정말 그렇게만 된다면 조선이 잘살고 행복한 나라가 되는 건 문제도 아니겠습니다."

정약전이 말했습니다.

"그렇다네. 서양의 나라들이 강대국이 된 것은 다 서로 사랑하라는 천주교의 가르침을 따랐기 때문이라고 나는 생각한다네."

그 뒤 정약전과 정약용은 이벽을 따라 다니며 천주학 교리를 배웠습니다. 그리고 이 세상은 천주가 만들었으며 모든 백성은 평등하다는 것을 자연스럽게 받아들이게 되었습니다.

정약용은 모든 백성이 신분 차별 없이 다 같이 힘을 합쳐 선하게 살면서 하늘나라에 갈 준비를 해야 한다는 내용이 정말 마음에 들었습니다. 그동안 답답했던 가슴이 뻥 뚫린 느낌이었습니다.

"이건 정말 놀라운 이야기로군."

"새로운 학문인데 우리에게 희망을 줍니다."

정약용 형제는 조선을 지탱해 주던 성리학의 힘이 쇠약해지자 새로운 힘이 필요하다고 생각했습니다. 그리고 바로 이 천주학이 그러한 힘을 줄 거라 여기게 되었습니다.

"천주학 책에 나오는 대로 실천하면 우리 조선에서도 양반과 상민의 차별 없이 서로 위해 주고 아껴 주어 가난한 사람이 굶어 죽거나 도둑이 남의 물건을 빼앗는 일도 사라질 거야."

"맞습니다, 형님. 살기 좋은 나라가 되겠지요."

그러나 정약용은 부모에게 제사도 지내지 않고 절도 하지 말라는 천주교 규율을 받아들일 수 없었습니다.

"형님, 학문으로서의 천주학은 좋으나 조상을 부인하는 종교로서의 천주교는 옳지 않은 것 같습니다."

정약용이 조심스레 말했습니다.

"새로운 사상을 받아들이려면 온전히 받아들여야 해. 나는 이 천주교가 매우 합당하다 생각한다."

정약종은 이미 천주교에 깊이 빠져 있었습니다. 사람들을 모아 놓고 종교 의식을 거행하고 교리를 널리 알리기도 했습니다.

"형님, 너무 깊이 관여하시는 것 아닙니까?"

정약용이 말했습니다.

"나는 이 세상에 마음이 없다. 이대로 죽어도 여한이 없어. 천주교만이 나의 갈 길이야."

정약용 역시 천주교의 일부 교리가 조선에 필요하다는 것은 알고 있었습니다. 위기가 닥친 나라를 구하려면 생각의 틀을 바꿔야 하기 때문입니다. 하지만 백성을 사랑하면 조선의 위기가 다 사라질 거라 여기는 것만으로는 현실적 어려움이 남아 있었습니다. 이미 조선은 멸망을 향해 가고 있었기 때문입니다.

정조가 살아 있을 때에는 천주교가 학문으로 받아들여졌습니다. 그런데 정조가 죽고 나자 천주교는 정치 싸움에 이용된 것입니다. 권력을 잡은 정약용의 반대파는 새로운 임금인 순조에게 상소를 올리며 천주교를 탄압하기 시작했습니다.

"정씨 집안사람들을 모두 잡아들여라."

결국 순조가 명령했습니다. 많은 천주교 신자들과 함께 정약용 형제도 끌려가 조사를 받게 되었습니다.

"너희들은 외국 오랑캐에게 정신을 팔아먹은 자들이다. 누구와 내통해서 이 사악한 종교를 퍼뜨렸느냐."

모진 고문에도 정약종은 신도들의 이름을 대지 않았습니다. 그리고 결국 목숨을 잃게 되었습니다.

한편 정약용은 정조 때의 업적을 참고하여 목숨은 건졌지만 반대파의 끈질긴 상소로 순조는 정약용을 결국 귀양 보낼 수밖에 없었습니다.

처음에 장기로 귀양 갔던 정약용은 다시 멀고 먼 전라도 강진까지 흘러 들어가게 되었습니다. 암행어사로 이름을 날리던 정약용은 한순간에 정치적 날개가 꺾였습니다. 성리학에 새로운 학문을 결합시키려던 젊은 실학자의 꿈은 좌절되었습니다.

그러나 정약용은 세상을 변화시키려는 꿈을 포기하지 않았습니다. 강진에서 서당을 열어 제자들을 받아들이고 가르쳤습니다.

"왜 스승님은 성리학을 부정하셨나요?"

제법 생각이 깊은 제자들이 정약용에게 조심스레 물었습니다.

"성리학이 처음에는 인간이 지혜롭게 살도록 가르치는 학문이었는데 이제는 종교처럼 진리로 받아들이게 되었다. 그러다 보니 천주학을 받아들일 수 없었던 거지."

정약용은 마음속에 있던 고통스러운 기억을 들춰내며 말했습니다.

"그렇지만 선생님께서는 천주학 때문에 이렇게 먼 곳으로 귀양살이를 오셨잖습니까?"

"이제는 괜찮다. 너희들을 가르칠 수 있게 되지 않았느냐? 나는 이제 이곳에서 책이나 읽고 바쁘고 번거로웠던 시간을 정리하려고 한다. 세상을 바로잡는 건 이제 너희들의 몫이다. 열심히 공부하거라."

정약용은 제자들에게 당부했습니다.

세상을 밝히는 융합 지식

• **유교와 천주교**

유교는 엄밀히 말하면 종교가 아닙니다. 옛날 중국 공자의 도덕적 가르침에서 시작된 것으로 나라에 대한 충성과 부모에 대한 효도를 중시한 학문이었습니다. 그런데 유교 정치를 중요하게 생각한 조선에서는 지나치게 형식을 중요시하고 신분에 따른 차별이 심해지자 여러 가지 문제가 발생하게 된 것입니다.

정약용은 유교의 성리학을 깊이 공부한 학자로서 고통받는 백성의 삶을 보면서 새로운 학문인 천주학에 매력을 느꼈습니다. 신분 차별이 심한 유교 사회의 문제점을 모든 인간은 하느님의 자녀이고 평등하다고 가르친 천주학 교리가 해결해 준다고 생각했기 때문입니다.

정약용은 오늘날 우리가 알고 있는 종교로서의 천주교보다는 학문으로서의 천주교에 흥미를 가진 듯합니다.

• 천주교 신자 논란

정약용은 한때 천주교를 받아들였지만 형인 정약전만큼 깊이 빠져들지 않았습니다. 그리고 천주교 신자들이 부모의 제사를 지내지 않는 모습을 보고 정약용은 종교로서 천주교를 가까이 하지 않았다고 고백했습니다.

그러나 천주교에서는 정약용이 겉으로만 그랬을 뿐 실제로는 독실한 신자였다고 주장합니다. 정약용이 죽기 직전에 신부가 정약용을 찾아가서 고해성사를 봤다는 것이 강력한 증거라는 것입니다.

하지만 여기서 중요한 것은 정약용이 새로운 사상을 받아들여 보다 나은 세상을 만들기 위해 노력한 진정한 학자였다는 사실입니다.

• 조선 시대를 풍자한 양반전

정약용보다 23년 먼저 태어난 박지원은 『양반전』으로 양반의 특권과 횡포를 신랄하게 풍자했습니다. 국력이 쇠퇴하고 백성이 매우 가난했던 원인이 양반 제도에 있다고 생각했던 박지원은 양반의 실상을 폭로하고 비판하기 위해 소설을 썼습니다.

   양반전의 내용은 아래와 같습니다.

   정선군(旌善郡)에 한 양반이 살았습니다. 그런데 이 양반은 집이 가난하여 해마다 고을의 곡식을 꾸어 먹다가 그만 갚을 길이 없어 동네 부자에게 양반을 팔게 되었습니다.

   이 사실을 알게 된 군수는 양반을 산 부자가 훌륭하다고 칭찬한 뒤 사람들을 다 불러다가 제대로 된 계약서를 써야 한다고 말했습니다. 계약서를 쓰는 과정에서 양반 되는 건 지극히 어려울 뿐 아니라 남을 괴롭히는 못된 짓도 서슴지 않고 해야 한다는 걸 알게 되었습니다. 마침내 부자는 도둑이 되기 싫다며 양반 계약을 포기했습니다.

5. 늘 배우며 서로 협력하라

정약용과 제자들

정약용은 천주교를 믿었다는 이유로 귀양 간 뒤 서당을 열어 제자들을 가르쳤습니다. 어린 시절부터 책을 좋아하고 벼슬을 하면서도 늘 학문에 힘써 온 정약용은 나라의 미래를 책임질 제자 양성에 온 열정과 정성을 쏟았습니다. 그러던 어느 날이었습니다.

"산석이 왔느냐?"

스승인 정약용이 큰 소리로 제자들에게 물었습니다. 서당에 앉아 천자문을 읽던 제자들 중 한 명이 대답했습니다.

"큰 형님은 아직 안 오셨습니다. 장가가서 색시하고 재미있나 봅니다. 킥킥킥!"

정약용은 그 말을 듣고 화가 났습니다.

산석은 정약용이 가장 믿었던 제자였기 때문입니다. 서당에서 가장 열심히 공부하던 산석이는 어느덧 성장해서 장가를 갔고 이름도 황상으로 바꿨습니다. 그런데 장가를 간 뒤 공부에 게을러진 것입니다.

"산석이 형은 이제 아기 아빠가 될 거야."

"어른이 되었으니 서당엔 안 올 거라고."

여기저기서 제자들이 떠들자 정약용은 호통쳤습니다.

"어서 천자문을 읽지 않고 뭐 하느냐?"

제자들은 다시 천자문을 읽기 시작했습니다.

"천지부모 군신부부, 형제남매 자매제수, 조종자손 질고생구."

제자들이 읽는 천자문은 '하늘 천 땅 지'로 시작하는 일반적인 천자문이 아니었습니다. 이 낯선 천자문은 정약용이 직접 만든 것입니다. 정약용이 중국의 천자문을 우리 생활에 맞는 새로운 천자문으로 만들어 버린 것입니다. 제자들은 새로운 천자문을 읽으면서 훨씬 빨리 글을 깨우쳤습니다.

"인의예지 효제충신, 자량돈목 관화공신, 시비선악 길흉회린."

수업이 끝나면 제자들은 서당 여기저기에 흩어져서 글을 읽거나 책을 썼습니다. 스승인 정약용이 다양한 분야에 관심을 가지고 써내는 글들을 정리하거나 자료를 수집하는 것이었습니다.

황상은 정약용의 일을 주도적으로 도운 제자였습니다. 또한 정약용이 만든 천자문을 어린 제자들에게 가르치던 제자였습니다.

정약용은 바로 편지를 쓰기 시작했습니다.

황상 네 이 녀석, 장가가더니 아내에게 흠뻑 빠져서 공부는 아예 하지 않는구나. 이 얼마나 한심한 모습이란 말이냐. 내가 너를 매우 아꼈는데 이 정도밖에 안되다니. 지금이라도 열심히 공부해야 한다. 그러려면 아내와 떨어져 지내거라. 지금까지 해놓은 공부가 아깝지도 않더란 말이냐?

정약용은 제자를 시켜 황상의 집으로 편지를 보냈습니다.

잠시 후에 편지를 받은 황상이 허둥지둥 서당으로 달려와 정약용 앞에 무릎을 꿇었습니다.

  "선생님, 제가 잘못했습니다. 공부를 게을리한 것을 반성하고 있으니 제발 화를 푸십시오."

  황상은 떨리는 목소리로 말했습니다.

  "네 이 녀석, 그까짓 공부 조금 한 것 가지고 벌써 교만해졌단 말이냐?"

  "죄송합니다. 용서해 주십시오."

  황상은 어쩔 줄 몰라 했습니다.

  "공부는 우리가 살기 위해 숨 쉬고 밥을 먹듯이 꾸준히 해야지. 어찌 중간에 그만둔단 말이냐?"

  "어리석어서 제가 몰랐습니다."

  황상은 고개를 더욱 들지 못했습니다.

  "내가 너에게 공부를 가르친 것이 고작 그 정도밖에 안 되다니. 나의 노력이 헛수고인 듯하다. 이렇게 내 마음을 이해하지 못하다니."

  정약용은 제자를 아끼는 만큼 쉽게 화를 가라앉히지 않았습니다.

"스승님, 부디 노여움을 푸십시오."

황상은 간절한 눈빛으로 정약용을 바라보았습니다.

"오늘부터 너는 절로 들어가거라. 아내와 떨어져서 공부에만 매진해라. 시를 짓거든 나에게 보내고 매일매일 목표량을 정하여 읽고 쓰도록 하여라."

"스승님, 그리하겠습니다."

황상은 눈물을 흘리며 그 자리에서 책들을 주섬주섬 챙겼습니다.

정약용은 중국에서 가져온 책들을 제자들에게 함부로 읽게 하거나 가르치지 않았습니다. 당시 중국 북송의 사마광이 쓴 유명한 역사서인 『자치통감』이나 그 밖의 책들도 읽히지 않았습니다. 중국의 학자가 쓴 책을 무조건 읽고 외우는 것이 무슨 의미가 있는지 의심했기 때문입니다.

"하나를 배우면 열 가지를 깨치는 공부를 해야 한다. 열을 배워 하나를 건져서야 되겠느냐? 또한 깊이 생각하지 않고 지식만 쌓는 것도 무슨 의미가 있겠느냐?"

정약용은 제자들에게 이어서 말했습니다.

"옛날에는 책이 몇 권 없어 읽으면 아예 외워 버렸지만 요즘은 그럴 필요가 없지 않느냐. 책이 넘쳐나니 중요한 책만 골라 읽고, 읽을 때도 생각나는 것이 있으면 바로바로 기록해서 내 것으로 만들어야 한다."

정약용의 이러한 가르침은 제자들에게 큰 깨달음을 주었습니다.

정약용은 늘 어떻게 하면 좀 더 나은 방법으로 가르칠 것인가 고민했습니다. 제자들이 슬기롭게 세상 이치를 깨닫게 하는 것이 정약용의 꿈이었습니다.

세상을 밝히는 융합 지식

• **교육과 학문**

　학문은 반드시 교육과 융합해야 합니다. 새로운 지식은 널리 퍼뜨려야 사회 전체가 발전하기 때문입니다.

　학문과 교육의 융합은 오래전부터 일어났습니다. 고구려 때는 372년(소수림왕 2년)에 태학을 설립하여 귀족 자제들에게 유학을 가르쳤습니다. 백제도 오경박사, 의박사, 역박사 등의 박사 제도를 통해 교육을 실시했습니다.

　정약용의 경우도 마찬가지입니다. 혼자 학문을 연구하는 데 그치지 않았습니다. 수많은 책을 집필하고 제자들을 가르친 것은 바로 자신이 깨닫고 경험한 지식을 널리 알리려는 교육 차원에서였습니다.

• **한국식 서당 교육**

　서당에서 훈장은 친척 자제들이나 마을 어린이들을 가르쳤습니다. 대개 다섯 살부터 글을 배우는데 교재는

『천자문』으로 시작했습니다. 이어서『동몽선습』을 배웠고,『명심보감』이나『통감절요』를 익혔습니다.

그런데 문제는 이 책들이 유교 중심적이라는 점입니다. 중국의 역사와 사상만 가르치기 때문에 실질적으로 일상 생활에 도움이 되는 교육은 이루어지지 않았습니다. 게다가 대부분의 유학자들은 수학이나 과학, 기술 같은 실용적인 과목을 가르치지 않아 그 분야는 퇴보했습니다.

정약용은 이런 서당의 문제점을 알고 자신이 만들어 낸 한국식 천자문으로 제자들을 가르치고 중국의 역사서는 가려서 읽게 했습니다. 또한 실학사상에 기초하여 사회를 개혁하고 백성에게 실질적 도움을 줄 수 있는 교육을 시키고자 노력했습니다.

6. 정보를 모아 새로운 지식을 창조하라
수많은 책을 집필하다

정약용은 강진으로 귀양 간 5년 뒤 다산 초당으로 보금자리를 옮겼습니다. 제자들과 함께 한적한 산속에 집을 지은 것입니다. 초가였지만 자연과 벗 삼아 살 수 있으니 정약용은 더 바랄 게 없었습니다.

이곳에서 하는 일은 늘 같았습니다. 근처에 있는 뛰어난 제자들이 찾아와서 스승인 정약용을 도우며 공부했습니다. 세월이 흐르자 제자들의 학문이 깊어져 정약용의 작업을 도울 수 있게 된 것입니다.

"권세가 있는 집에 선물 보내는 것을 후하게 해서는 안 된다. 내가 도움을 받았거나 사이가 좋으면 때때로 선물을 보내더라도 먹는 것 몇 가지 정도만 보내야 한다. 가죽이나 인삼, 비단 같은 값진 물품을 보내서는 안 된다. 왜냐하면 청렴한 벼슬아치는 그 물품을 받지 않고 나를 간사한 사람으로 여겨 임금에게 벌주라고 말할 수도 있다. 만일 그 벼슬아치가 뇌물 받기 좋아하는 자라면 머지않아 망할 것이니 같은 죄인이 되어 앞길이 막힌다. 이래도 해가 되고 저래도 해가 되는 일을 무엇 때문에 하는가."

정약용이 자신의 생각을 말로 하면 옆에 있는 제자 두어 명이 그 말을 받아 적었습니다. 이것을 초서라고 합니다. 빨리 쓰기 때문에 이 글은 쉽게 알아보기 어렵습니다. 따라서 몇 명의 제자들이 바른 글씨로 다시 옮겨

적습니다.

  다 적은 글은 가장 학식이 높은 황상이나 이청 같은 제자들이 읽어 보고 방 안 가득 있는 각종 경전과 역사 자료를 들춰 보며 필요한 내용을 보충했습니다. 그러면 다른 제자들이 틀린 글자가 없는지 교정을 보았습니다.

  마지막으로 정약용이 내용을 검토하고 머리말을 써서 집어넣었습니다. 다 완성된 원고들은 가지런히 정리해 송곳으로 뚫고 노끈으로 묶었습니다.

  수많은 책들을 제자 여러 명이 분야별로 글을 읽고 자료를 모아 정약용과 토론하며 만들었습니다.

  "스승님, 이 부분은 이렇게 쓰는 것이 낫지 않습니까?"

  "오냐, 그건 네 말이 맞다."

  "스승님, 여기 이런 이야기는 다른 책에서 찾을 수 없습니다."

  "그건 내 말이 맞는 것이니 그대로 넣어라."

  제자 가운데 이런 일을 가장 잘한 사람이 이청이었습니다. 황상과 함께 수제자를 다툴 만했습니다.

  제자들은 책을 쓰는 즐거움과 함께 학문의 깊이가 한

없이 깊어졌습니다. 정약용이 죽기까지 약 500여 권의 책을 만들었는데 이것은 제자들의 도움이 있기에 가능한 일이었습니다.

 이렇게 귀양살이하는 동안 학문에 몰두한 정약용은 마침내 57세 되던 1818년에 『목민심서』를 완성했습니다. 목민심서는 백성을 잘 다스리는 마음을 기르는 책이라는 뜻으로 48권이나 되었습니다.

 이 책은 정약용이 관리로서의 경험을 통해 지방 행정을 책임지는 수령의 임무가 얼마나 어려운지 알리기 위해 썼습니다. 그리고 이 책에는 지방 관리가 청렴하기만 해도 나라의 미래가 밝을 거라는 평소 정약용의 생각과 믿음이 그대로 들어 있습니다.

"관리들이 이 책을 읽고 자신의 본분을 마음속에 새기고 백성을 다스린다면 우리 조선은 분명히 올바른 나라가 될 수 있을 것이다."

완성된 책을 손에 들고 정약용은 흐뭇한 얼굴로 말했습니다.

『목민심서』는 정약용의 대표적인 책이며 그 밖에도 행정 기구 개편을 비롯해 각종 토지, 세금 제도의 개혁 원리를 제시한 『경세유표』, 형벌 규정의 기본 원리와 살인 사건을 조사하는 지방관의 무거운 책임감을 강조하기 위해 지은 『흠흠신서』 등이 있습니다.

한편 1818년 순조는 어명을 내렸습니다.

"죄인 정약용은 귀양살이가 끝났느니라."

정약용의 나이 57세 때 일입니다. 제자들은 그러한 정약용을 붙잡고 기쁨의 눈물을 흘렸습니다.

"선생님, 감축 드립니다. 이제 고생은 끝났습니다."

하지만 남겨진 제자들은 걱정스러웠습니다.

"선생님 이대로 가시면 저희들은 어찌하옵니까?"

"너희들은 계속해서 공부하거라. 공부의 길은 끝이 없

지 않느냐? 한양에 가서도 연락할 것이니라.”

정약용이 제자들을 안심시켰습니다.

“완성하지 못한 책은 어찌합니까?”

“한양에 있는 선비들과 함께 토론하여 좀 더 나은 책으로 만들 것이다.”

정약용은 한양으로 올라갔습니다. 많은 관리들과 마을 사람들이 섭섭해했지만 온 사람은 가게 되어 있고, 만난 사람은 헤어지는 법입니다. 제자들 서넛은 짐을 꾸려서 정약용이 완성하지 못한 책 작업을 도우러 한양으로 따라갔습니다.

귀양지에서 올라온 뒤 정약용은 경기도 남양주에 있는 자신의 집에서 그동안 못했던 집안일을 처리하고 계속해서 책을 마무리했습니다.

“황상은 연락이 없느냐?”

어느 날 몸이 많이 쇠약해진 정약용이 이청에게 물었습니다.

“저희도 소식을 모릅니다.”

황상은 스스로 학문을 연마한다고 소식이 끊긴 지 오

래였습니다. 소문에 의하면 식구들을 돌보며 관리로 생활한다고 했습니다.

"그런데 스승님, 저는 언제 과거 시험을 봐서 출세할 수 있을까요?"

이청은 기회가 닿으면 스승인 정약용에게 물었습니다. 하지만 강진에서는 위대해 보였던 정약용도 한양에 와서 보니 나이 들고 잊혀진 양반일 뿐이었습니다. 이청은 크게 실망하지 않을 수 없었습니다. 게다가 과거 시험에 통과시켜 달라고 부탁하려 해도 정약용이 심사하는 관리들과 인연도 별로 없었고 누군가에게 뇌물이나 인맥으로 부탁하는 일을 금지하는 『목민심서』를 썼기 때문에 말도 꺼낼 수 없었습니다.

그리하여 제자들은 하나둘씩 스승 정약용의 곁을 떠났습니다. 끝까지 남았던 이청도 결국은 추사 김정희의 문하로 들어가고 말았습니다.

"정약용이 돌아왔으니 그에게 적절한 벼슬을 주는 것은 어떤가? 재주가 남다른 사람인데……."

당시 임금은 정조의 둘째 아들 순조였습니다. 순조는

아버지 정조 때의 충신인 정약용을 다시 불러들이고 싶어 했습니다. 그러나 아직도 권력을 쥐고 있는 신하들이 반기를 들었습니다.

"아니 되옵니다. 천주교에 물든 자를 조정에 들이는 것은 무척 위험한 일입니다."

"그렇사옵니다. 명을 거두어 주십시오."

정약용이 암행어사 시절 지방 관리들의 부정부패를 임금에게 상소문으로 올렸을 때 이를 탐탁치 않게 여겼던 높은 자리의 벼슬아치들이 정약용을 기억하고 있었던 것입니다.

원칙을 지키고 나라를 위해 곧은 소리를 한 것이 끝끝내 정약용의 발목을 잡았습니다.

'허허, 세상살이에 나는 별로 미련이 없어. 다만 내가 쓴 책들이 후대에 조금이라도 도움이 되어 백성이 고생하지 않기를 바랄 뿐이야.'

정약용은 벼슬길이 막혔어도 아쉬워하지 않았습니다. 자신은 오로지 책을 만들어 이 세상에 남기는 것이 할 일이라고 여겼습니다.

정약용이 관심을 가진 분야는 정말 다양했습니다. 각종 과학 기술과 함께 의술도 인정받았습니다. 73세에는 순조의 병이 심각하여 궁궐에 불려 갔지만 의사로서 병을 진맥해 보기도 전에 임금은 죽고 말았습니다.

1836년 정약용 역시 75세 되던 해 경기도 남양주 마재 집에서 숨을 거두었습니다. 그러나 정약용의 제자들은 조선 최고의 지식인과 학자로서 계속 활약했습니다.

세상을 밝히는 융합 지식

• 도서 제작과 실학

 조선 후기는 유교의 이념에 지나치게 치우쳐 당파 싸움이 심했습니다. 백성의 삶이 어려움에 처하건 말건 사대부는 자신의 이익에만 눈이 멀었습니다. 이에 학자들이 실생활에 도움을 주는 학문, 즉 실학을 공부하게 되었습니다.

 실학은 널리 사람을 이롭게 하려는 목적이 있었기에 새로운 생각과 기술을 효과적으로 알려야 할 필요가 있었습니다. 그 최고의 방법이 바로 활발한 도서 제작이었습니다. 많은 사람에게 정보를 제공하고 같은 생각을 공유하여 세상을 변화시킬 수 있기 때문입니다.

 또한 교육에서 독서는 중요한 역할을 하기에 도서 제작은 실학과 교육을 융합시키는 놀라운 힘을 발휘했습니다. 정약용은 제자들과 평생 500여 권의 책을 집필하여 제작함으로써 그 역할을 해낸 것입니다.

• **의학과 실학**

정약용은 가난하여 병에 걸려도 제대로 치료받지 못하고 고통받는 백성들을 안타까이 여겼습니다. 그래서 의학 공부를 게을리 하지 않았습니다.

『마과회통』은 중국에서 발간된 이헌길의 『마진기방』을 중심으로 많은 의학 책들을 참고하여 정약용이 우리 실정에 맞게 쓴 의학 책입니다.

특히 이 책에는 천연두의 증세를 살피고 그 치료법으로 서양 의사 제너의 종두법을 소개했습니다. 이는 어릴 때 정약용 자신이 천연두에 걸려 죽을 뻔한 경험과 자식들을 천연두로 잃고 백성이 자신과 같은 고통을 겪지 않도록 하려는 실학 정신을 보여 주는 것입니다.

조선 후기 실학자들의 학문 경향 가운데 이용후생(利用厚生) 개념이 있습니다. 이것은 학문이 생산 기구나 유통 수단을 편리하게 하고 입고 먹는 것 등 백성들의 일상생활에 도움이 되게 한다는 뜻입니다.

이런 개념에서 의학 분야는 실학자들이 관심을 가지고

공부한 분야 중 하나였습니다.

  우리나라 의학의 최고 수준이라는 평을 받은 이 책을 통해 정약용은 수준 높은 의학 지식을 잘 보여 주고 있습니다.

부록

- 정약용에 대해 알아볼까요?
- 우리가 아는 역사 상식 맞을까요?
- 정약용 선생님, 어떡할까요?

정약용에 대해 알아볼까요?

정약용은 조선 후기에 실학을 완성한 대학자입니다. 1762년 경기도 광주에서 태어난 정약용은 진주 목사를 했던 아버지 정재원으로부터 기초적인 학문을 배우고 15세에 한양으로 올라와 새로운 학문을 배우려 노력했습니다.

1783년(정조 7)에 서양에서 들여온 자연 과학과 천주학에 대해 알게 되었고 1789년 문과에 급제해 벼슬을 시작했습니다. 이어서 경기도 암행어사로 파견되었으며 여러 관직을 맡아 열심히 일했습니다.

정약용은 암행어사를 지낸 후 백성의 고단한 삶을 알게 되었고, 이를 해결할 방안을 찾기 위해 애쓰면서 불편하고 불합리한 제도를 바꾸는 개혁이 필요하다고 생각했습니다. 그리하여 자신이 알고 있는 다양한 분야의 학문들을 융합하고 발전시킵니다.

또한 제도 개혁만이 아니라 조선의 통치 이념인 유교 중심 사회도 바꿔야 한다는 생각에 이르러 서양에서 온 천주학을 받아들이고 공부하게 됩니다.

하지만 이로 인해 정약용은 정치적 위기에 빠집니다. 출중한 학식과 재능을 바탕으로 정조의 사랑을 받았지만 정조가 죽은 뒤 천주교 신자라는 이유로 체포되어 머나먼 전라도 강진으로 귀양살이를 떠나게 되었습니다.

강진에서 머무는 오랜 기간 동안 정약용은 다산초당에서 많은 제자들과 함께 학문을 연마하고 도서 제작에 심혈을 기울였습니다. 그리하여 나라 경제를 연구한 『경세유표』, 관리의 청렴결백을 강조한 『목민심서』 등 500여 권의 책을 발간했습니다.

정약용은 1836년 2월 22일 경기도 남양주 마재 본가에서 죽음을 맞이했는데, 마침 그날은 부인 홍씨와 결혼한 지 60년이 되는 날이라 자손과 친척들이 모여 있을 때였습니다.

🕊 우리가 아는 역사 상식 맞을까요?

정조는 신문물을 받아들인 임금이다.　▶정답은 X

정조는 당시 물밀듯이 밀려오는 신문물을 잘 받아들인 것으로 알려져 있습니다. 그러나 진실은 다릅니다. 정조는 조선을 지탱하는 유교와 양반 사회의 뿌리를 흔들 마음이 전혀 없었습니다. 특히 중국에서 건너오는 이상한 책이나 사치품 등에 대해서는 강한 거부감을 가졌다고 합니다.

정조가 성군으로 추앙받는 것은 조선을 부흥시키려 왕권 강화 및 여러 경제 발전 정책을 썼기 때문입니다.

정약용은 지나치게 열성적인 효자였다.　▶정답은 X

조선 후기에는 효를 자식들의 무조건적인 희생과 봉사로 생각하는 사람들이 많았습니다. 정약용은 이런 보여주기식 효를 경계했습니다. 효의 본질은 우리 마음속에서 정직하게 우러나와야 한다고 주장했습니다.

효를 통해 주위의 칭찬을 받으려는 것은 잘못된 것이

며 오로지 부모를 위한 마음에서 비롯되어야 한다고 했습니다. 또한 부모에게 음식을 만들어 드리더라도 자신이 할 수 있는 한 정성을 다해 준비하라고 했습니다.

정약용은 강진에서 가난하게 살았다. ▶정답은 X

정약용은 실학자입니다. 책만 읽고 세상 물정을 잘 모르는 사람이 아닙니다. 전라남도 강진에 귀양 가서도 정약용은 부지런히 돈을 모으고 땅을 사서 채소를 심고 가꾸었습니다.

강진에서 귀양살이가 풀려 고향인 경기도 남양주로 돌아올 때 강진에 있는 땅은 제자들이 경작해서 정약용에게 이익금을 보내 주기로 약속했습니다. 어떤 상황에서도 실용적으로 도움이 되는 삶을 살아야 한다는 생각을 직접 실천한 학자가 바로 정약용이었습니다.

정약용 선생님, 어떡할까요?

저는 꿈이 너무 많아요. 의사도 되고 싶고 작가도 되고 싶은데 축구 선수도 하고 싶어요. 그런데 부모님이나 어른들은 한 가지 꿈만 정해서 열심히 노력해야 성공할 수 있대요. 정약용 선생님, 어떻게 해야 할까요?

어허, 아주 바람직한 모습인데요. 과거에는 한 개의 직업만 가지고도 평생 먹고살 수 있었어요. 편안한 직장에 들어가면 적당히 남들 하는 대로 하면서 살 수도 있었지요.

그런데 어린이 여러분이 살아갈 미래 사회는 다르답니다. 4차 산업 혁명이 일어나서 로봇이 사람의 일을 대신하거나 인공 지능이 알아서 척척 불편한 일을 해결해 주지요. 그 때문에 사람들은 자신이 할 일이 없어질까 봐 걱정하는 사회가 됩니다.

하지만 너무 걱정하지 마세요. 4차 산업 혁명 시대에도 여러 분야의 지식과 정보들을 융합할 수 있는 능력이 필요하니까요. 단순하고 반복적인 일은 기계나 로봇이 맡아서 해 주고 인공 지능과 사물 인터넷으로 편리한 세상이 되겠지만 상상력과 창의력을 필요로 하는 일은 해결해 주지 못해요. 예를 들면 축구 선수 다리의 연골이 파괴되는 원인을 연구하고 해결 방법을 찾아 논문이나 책으로 써 내는 일은 인간만이 해낼 수 있는 능력이지요.

이제는 사회가 변하고 인간 수명이 길어져 여러 개의 꿈을 이룰 수 있는 시대가 되었어요. 호기심과 탐구심으로 좋아하는 꿈들을 하나씩 이뤄 나가는 융합형 인재가 되길 바랍니다.

저는 한군데 오래 앉아서 공부하는 것을 잘 못해요. 싫증이 잘 나거든요. 궁금한 것도 많고 세상의 신기한 것들도 많이 보고 싶어요. 제가 잘못된 걸까요?

어허, 내 어릴 때 모습과 똑같군요. 부모님이 한군데 앉아서 공부를 열심히 하라는 건 인내와 끈기를 가지고 전문적인 지식을 갈고 닦으라는 뜻이지요. 그런데 우리가 학원이나 학교에서 열심히 익히는 전문 지식이라는 것은 사실 오래전에 많은 학자와 연구자들이 공부해서 알아낸 것이에요. 물론 소중한 지식이지만 지금 현실과 잘 맞지 않는 것도 있어요. 게다가 요즘은 인터넷에서 검색만 하면 쉽게 지식을 얻을 수 있지요.

이럴 때는 생생한 체험과 현장 학습이 필요해요. 호기심이 많아서 공부가 잘 안 되는 학생들은 너무 답답해할 필요 없어요. 호기심이나 관찰력이 도움되는 공부를 하면 되니까요. 직접 알고 싶은 대상을 찾아서 끈질기게 파고들어 많이 알게 되면 바로 살아 있는 공부가 된답니다. 공부가 꼭 책에만 있는 지식을 익히는 건 아니니까요.

요즘 코딩을 배워서 자기만의 게임을 만드는 학생도 있어요. 어른이 볼 때 그것은 쓸모없고 노는 것 같지만 미래 사회를 준비하는 공부라고 할 수 있어요. 그러니 호기심과 관찰력은 억누를 것이 아니라 권장해야 할 일이지요. 자신이 가장 재미있어 하고 흥미로운 분야를 찾아서 깊이 공부해 보세요. 새로운 세계가 열릴 거예요.

🧑 선생님은 대단하세요. 책을 500권이나 내셨다면서요. 그런데 저는 책이 싫어요. 어쩌면 좋을까요?

👤 책을 싫어한다니 걱정이네요. 나는 어렸을 때부터 책을 좋아했어요. 왜냐하면 책에는 내가 궁금해하는 것에 대한 답이 들어 있기 때문이에요. 책을 싫어한다는 건 세상에 대해 궁금하거나 알고 싶은 것이 없는 게 아닐까요?

스스로 궁금한 것을 찾아 질문을 자꾸 던지는 학생이라면 책에서 답을 찾으려고 하는 법이지요. 책에는 나보다 사물의 이치를 먼저 연구하고 깨달은 사람들의 수많은 지식과 경험이 녹아들어 있어요.

삶을 공부라고 한다면 책을 읽는 건 예습하는 거랍니다. 예습하고 학교에 가는 학생과 교과서 한 번 들춰 보지 않고 수업에 들어간 학생을 비교하면 누가 더 이해하기 쉬울까요? 물론 예습한 학생이겠지요.

살면서 겪는 어려운 일이나 고민의 해법은 책을 통해 실마리를 얻을 수 있어요. 책에는 나와 비슷한 고민을 먼저 한 사람들이 어떻게 어려움을 헤쳐 나갔는지 들어 있기 때문이에요.

  책을 많이 읽으면 다양한 분야에 대해서도 알게 되고 내가 가진 지식들을 서로 융합시킬 수 있어요. 그러다 보면 독창적인 나만의 세계를 만들 수 있지요. 관심 있는 분야의 책부터 흥미를 가지고 읽어 봐요. 새로운 세상이 보일 거예요.